Inhalt

Klinik-Controlling - Das Geschäft mit der Gesundheit oder wie Kliniken zu goldenen Melkkühen werden

Kernthesen

Beitrag

Fallbeispiele

Weiterführende Literatur

Impressum

Klinik-Controlling - Das Geschäft mit der Gesundheit oder wie Kliniken zu goldenen Melkkühen werden

H.Reil

Kernthesen

- Betriebswirtschaftliches Denken und die Anwendung konsequenter Controlling-Prinzipien machen aus einst maroden Kliniken effiziente Geldmaschinen.
- Rudolf Henke, Vorsitzender des Marburger Bundes will sogar noch weitergehen. Er unterstützt die Idee, einen Facharzt für Controlling zu institutionalisieren.

- Kritiker fürchten um das Patientenwohl: Der Zahlenfetischismus unterminiert ihrer Ansicht nach das Vertrauensverhältnis zwischen Ärzten und ihren Schützlingen.

Beitrag

Dank der Vergreisung der Bevölkerung hat das deutsche Gesundheitswesen eine goldene Zukunft

Die Gesundheit ist zum Geschäft geworden. Die vier größten privaten Krankenhausbetreiber Deutschlands - Asklepios, Rhön, Helios und Sana - machen Milliardenumsätze. Kritiker weisen darauf hin, dass die Ökonomisierung des Gesundheitswesens den Druck auf die Beschäftigten einer Klinik bis zum Unerträglichen erhöhe und den Patienten zur Ware mache. Altehrwürdige hippokratische Prinzipien würden auf diese Weise unterminiert. Die Kranken selbst haben ein mulmiges Gefühl. Doch wer glaubt, die Entwicklung umkehren zu können, ist naiv. Wenn Geld einmal fließt, ist es nicht zu stoppen. Vor allem hierzulande hat das Gesundheitswesen eine goldene

Zukunft, da die Gesellschaft zunehmend vergreist. Für leitende Ärzte bedeutet das Geschäft mit der Gesundheit, dass sie umdenken und sich fortbilden müssen. Sie werden zu Krankenhausmanagern. Betriebswirtschaftliche Kenntnisse und die Anwendung von Controlling-Prinzipien sind daher unabdingbare Voraussetzungen, um eine Klinik mit Gewinn zu führen. (1), (2), (3), (4)

Konsequentes Kostencontrolling päppelt marode Kliniken wieder auf

Das Mutterland privater Krankenhausbetreiber, die auf die Anwendung strenger Controlling-Mechanismen vertrauen, liegt, wie könnte es anders sein, jenseits des großen Teiches. Doch die Deutschen stehen ihren amerikanischen Vorbildern in punkto Effizienz in keiner Beziehung nach. Von Helios bis Sana sind die Prinzipien verblüffend einfach und stets dieselben: Die Gesundheitsfirmen kaufen marode Krankenhäuser auf oder binden sie, wie im Falle Sana, mit Managementverträgen an sich. Anschließend führt die Führungsspitze das hauseigene Verwaltungssystem sowie ein konsequentes Kostencontrolling ein und päppelt sie mit einer Radikalkur wieder auf. Auf Vordermann gebracht, mutieren die einst unprofitablen Kliniken zu gut gemästeten Melkkühen und werfen bald Gewinne ab. Im Grunde ist gegen diese Praxis nichts einzuwenden, solange das Patientenwohl nicht auf der Strecke bleibt - was aber leider nicht immer der Fall ist. (4), (8)

Nachruf auf eine im Untergang begriffene Welt

Ärzte wie der Mediziner Dr. med. Jürgen Wettig, der kürzlich im Fachmagazin Deutsches Ärzteblatt einen elegischen Artikel zum Thema Arzt-Patienten-Beziehung verfasste, befürchten aufgrund dieser neoliberalen Praxis gar einen Verlust des "Gefühls für den Menschen". Wettigs Sätze wirken angesichts des dominierenden profitorientierten Zahlenfetischismus allerdings wie die Mahnungen eines Propheten, der schon lange nicht mehr gehört wird. Als Zeugnis einer im Untergang begriffenen Welt sei es dennoch erlaubt, einen ganzen Absatz seines Aufsatzes zu zitieren: "Als Neurologe, Psychiater und Psychotherapeut spüre ich derzeit eine Zudringlichkeit von Zahlen, Daten und Formalismen, die mich immer weiter von meinem originären Auftrag, der Patientenbehandlung, entfernen. Es ist wie eine düstere Heimsuchung, die uns unter Kürzeln wie DRG, OPS, MDK, KTQ oder KIS infiltriert. Die

Sprache des Kaufmanns mit Unworten wie Gesundheitsbranche, Kennzahlen und Prozessoptimierung unterminiert die Beziehung zwischen Arzt und Patient." (3)

Dr. Jekyll und Mr. Hyde

Klar ist: Controlling - für jedes Unternehmen ein Muss, will es erfolgreich arbeiten - hat in der Gesundheitsbranche einen faden Beigeschmack. Ärzte und Patienten werden sich dennoch daran, wohl oder übel, wie an eine chronische Krankheit gewöhnen müssen. Denn der Trend, darauf deuten zumindest alle Vorzeichen hin, ist unumkehrbar. Leitende Ärzte wie Volker Kratzsch, der für die Helios-Klinik in Bad Grönenbach arbeitet, erfüllen daher eine Doppelrolle. Der Mediziner, der sich nach einem viersemestrigen Aufbaustudium an der Hochschule Neu-Ulm, neben seinem Doktortitel auch mit einem MBA-Diplom schmücken darf, ist ebenfalls ein Controller. Der Chefarzt ist für das Budget seines Hauses verantwortlich und rechnet unter Abzug aller Unkosten aus, wie viele Patienten seine Klinik aufnehmen muss, damit sie sich rechnet. Dieser Interessensspagat hat etwas Dr.-Jekyll-und-Mr.-Hyde-haftes an sich und erinnert auch ein wenig an den römischen Gott Janus, der auf antiken Abbildern mit einem Doppelkopf dargestellt ist - ein unmissverständliches Symbol der Zwiespältigkeit. (1)

Trends

Vorsitzender des Marburger Bundes will Facharzt für Controlling institutionalisieren

Waren vor ein paar Jahren spezielle Studiengänge für Mediziner in Medizinökonomie noch rar, kann sich das Angebot mittlerweile sehen lassen. Universitäten, Fachhochschulen und Business-Schools bieten betriebswirtschaftliche Aufbaustudiengänge für Ärzte an. Fortbildungen der Kliniken und der Gesundheitsbranche vermitteln den Ärzten ebenfalls betriebswirtschaftliches Know-how, um ihre Einrichtungen effizient zu führen. Wirtschaftswissenschaftliche Institute haben Lehrstühle für Gesundheitsökonomie und -management eingerichtet. Umgekehrt können sich auch Wirtschaftsfachleute im Fach Medizinmanagement weiterbilden. Rudolf Henke, Vorsitzender des Marburger Bundes will sogar noch weitergehen. Er unterstützt die Idee, einen Facharzt für Controlling zu institutionalisieren. Die Vision wird sicherlich bald Realität werden. Die Graduate School

Rhein-Neckar bietet schon heute einen Studiengang zum Gesundheitscontroller an. Studienberechtigt sind neben Betriebswirten und Verwaltungsexperten auch Fach- und Führungskräfte aus der Medizin. (1), (5)

Fallbeispiele

Vorbilder USA und Großbritannien: Pflegeheime mit 30 000 bis 50 000 Betten keine Seltenheit

Thomas Klaue, Finanzvorstand von Deutschlands größtem privaten Pflegeheimbetreiber, der Marseille-Kliniken AG, hält konsequentes Controlling für den Schlüssel zu größerem wirtschaftlichem Erfolg. Die Reduzierung des Personals und Einsparungen bei Materialkosten seien bereits die ersten Schritte in die richtige Richtung gewesen. Nun hofft er auf Synergieeffekte durch größere Einrichtungen nach dem Vorbild der USA und Großbritanniens. Dort seien Pflegeheime mit 30 000 bis 50 000 Betten keine Seltenheit. Der Hintergrund: Mitte Januar 2011 waren bei Marseille rund 1 000 von 8 000 Betten nicht belegt.

Das Unternehmen, das im Geschäftsjahr 2009/2010 einen Umsatz von 240,7 Millionen Euro verbuchte, befürchtet durch dieses Missmanagement Verluste in Höhe von rund 30 Millionen Euro. Auch Kleinaktionäre haben wenig Grund zum Jubeln. Vor drei Jahren notierte die Aktie Marseille noch bei 18 Euro. Aktuell steht sie bei 2,42 Euro (Stand: 4. Februar 2011). (6)

Klinik-Kompetenz-Bayern eG soll Wettbewerbsfähigkeit von Mitgliedskliniken stärken

Die am 20. Januar dieses Jahres gegründete Klinik-Kompetenz-Bayern eG vernetzt kommunale und freigemeinnützige Kliniken mit dem Ziel die "Wettbewerbsfähigkeit und die Marktposition der einzelnen Mitgliedskliniken" zu festigen. In ihren ersten Projekten will sich die Genossenschaft unter anderem auch mit dem Benchmark-Controlling auseinandersetzen. (7)

Weiterführende Literatur

(1) Heilsame Doppelrolle
aus Die ZEIT Nr. 46 vom 11.11.2010 Seite 085

(2) "Privatisierungswelle verhindert"
aus Stuttgarter Zeitung, 02.02.2011, S. 20

(3) Arzt-Patienten-Verhältnis: Die Melancholie des Psychiaters
aus Deutsches Ärzteblatt 5/108 vom 04.02.11 Seite 235

(4) DIE ASKLEPIOS-GRUPPE
aus Frankfurter Rundschau vom 17.09.2010, Seite D 2

(5) DVKC-Akademie News: MBA-Studiengang Gesundheitsmanagement und -controlling; Zertifikat Gesundheitscontroller
aus das Krankenhaus Heft 11/2010 S. 1125

(6) Bettflucht bei Marseille Pflegeheimbranche - Bei Deutschlands größtem privaten Pflegeheimbetreiber, den Marseille-Kliniken, stehen derzeit rund 1000 von gut 8000 Betten leer. Das räumte der neue Finanzvorstand Thomas Klaue im Gespräch mit FTD.de ein.
aus FINANCIAL TIMES Deutschland

(7) Klinik-Kompetenz-Bayern eG gegründet
aus das Krankenhaus Heft 2/2011 S. 177

(8) Diagnose: Bedingt lebensfähig
aus Frankfurter Allgemeine Zeitung, 31.08.2010, Nr. 201, S. 30

Impressum

Klinik-Controlling - Das Geschäft mit der Gesundheit oder wie Kliniken zu goldenen Melkkühen werden

Bibliografische Information der deutschen Nationalbibliothek

Die Deutsche Nationalbibliothek verzeichnet diese Publikation in der deutschen Nationalbibliografie; detaillierte bibliografische Daten sind im Internet über http://dnb.d-nb.de abrufbar.

ISBN: 978-3-7379-0089-8

© 2015 GBI-Genios Deutsche Wirtschaftsdatenbank GmbH, Freischützstraße 96, 81927 München, www.genios.de

Alle Rechte vorbehalten. Dieses Werk ist einschließlich aller seiner Teile – z.B. Texte, Tabellen und Grafiken - urheberrechtlich geschützt. Jede Verwertung außerhalb der Grenzen des Urheberrechtsgesetzes bedarf der vorherigen Zustimmung des Verlags. Dies gilt insbesondere auch für auszugsweise Nachdrucke, fotomechanische Vervielfältigungen (Fotokopie/Mikroskopie), Übersetzungen, Auswertungen durch Datenbanken oder ähnliche Einrichtungen und die Einspeicherung und Verarbeitung in elektronischen Systemen.